建設現場で製造現場で聴く力が職場を変える!

労働安全・衛生コンサルタント
シニア産業カウンセラー
特定社会保険労務士
田原 さえ子

◆目次

≪③「違い」による悩み≫

≪④話す際のポイント≫

≪⑤リモート時代の傾聴≫

第一章

建設・製造現場に傾聴のすすめ

職場で事故が発生すると、安全担当者が被災者や関係者から事情を聞くことになります。

私も、労働基準監督官として勤務していた時には同じように聞き取りを行っていました。

若い被災者の方から話を伺っていた時のことです。彼は事故により重い障害を残していました。お話を聞き終えた後に「何か付け加えることはありますか」とお尋ねすると、真剣な目で「僕が悪かったと書いてください」とおっしゃいました。

また、別件の死亡事故について、被災者と一緒に作業をしていた先輩に話をお聞きしていた時、「全て私の責任です。そう書いてください」と思い詰めた表情で訴えてこられたことがあります。

ほんの数年の先輩です。彼に措置義務はありませんでした。面倒をみてきた後輩だけに、ショックは大きかったのだと思います。

そんな思いがある一方で、事実関係を整理することに懸命だった私はお気持ちを受け止めきれず、胸が痛む思いでたじろぐばかりだった気がします。

社内で調査に当たられる方も、それぞれのお気持ちを受け止めながら話を聞くことは大変なことだと思います。

ですが、事故の再発防止のために、関係者の方々が事故を越えてまたチームとして働くために、ゆっくりと話を聴くことは欠かせないと思います。

労働者死傷病報告を拝見する時、事故の原因として「本人の不注意により」という記載で終わっているものが結構ありました。

不注意だけを原因にして終わりにしてしまうと、再発防止策を講じることは難しいと思います。不注意をした原因は何だったのか、真の原因を聴き出すことが大切ではないでしょうか。

懲戒や叱責などを前提とせず、本人の心の内、同僚との関係、作業の複雑さ、作業負荷など、丁寧に聴くことで職場の活性化につながることも可能かと思います。

自分を責める被災者や心を痛める関係者を助けながら、実効のある再発防止策を見つけていかなければいけません。

そのためには、だれが悪いという追及ではなく、本当の原因を追究する必要があります。現場の声を聴きながら。

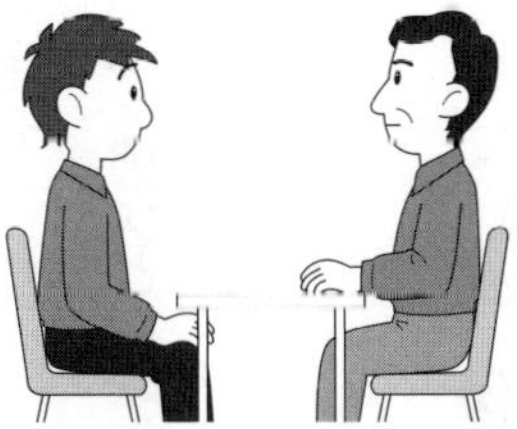

安全衛生は、トップの方針表明から始まるゼロ災運動のように、組織の上から降りてくる「トップダウン」の活動が大切です。

ですが、長く培われてきた安全文化には、現場の声を活かした「ボトムアップ」の活動がたくさんあります。この活動を進めるには、上司・部下間、同僚間、そして安全衛生スタッフと現場間の円滑なコミュニケーションが必須だと思います。
コミュニケーションは話すだけでは成り立ちません。時には聴くことの方が大切な場面もあります。

「安全」のために

令和2年の速報値では、労働災害で死亡された方が製造業で130人を超え、建設業では250人を超えています。また、休業4日以上の死傷者数は、製造業で2万5千人を超え、建設業では1万4千人を超えています。厳しい状況の中、現場で労働安全に取り組んでいる方々に敬意を表します。

一方、安全衛生のために設備などを整えても、なかなか維持されないという悩みを聞きます。

機械の刃部のカバーがズレている。保護具の付け方が変。いつの間に局排のフードや邪魔板が動かされている。

気づいたら、養生ネットが外されている。

立入禁止のチェーンが外れている。

設備などへの理解が行き届いていないという教育の問題もあります。教育もまた、一方通行ではなく、疑問や意見を聴くものでありたいものです。納得したこと、自分が発言したことなら守られます。維持されます。メインテナンスの手間も減ります。

また、維持されない設備などは、もしかすると作業を行うに当たって問題があるのかもしれません。安全に作業を行えばスピードが落ちるというのであれば、作業手順を見直す、終いには生産計画や施工計画をも見直す必要があるのかもしれません。いったん事故が起きれば、作業自体がストップすることも考えられますから。

メーカーやサービス業の「お客様相談室」に届く声は、クレームという言葉でまとめられ、丸く収めることが第一だった時代がありましたが、今ではサービスや製品の向上につなげる貴重な情報になりつつあると聞きます。

現場の声は、面倒に思えるものも安全衛生活動の貴重な情報となりえます。

そして、安全衛生活動のみならず、品質管理・施工管理にもつながる情報ではないでしょうか。

品質管理も、施工管理も、「人」が占める割合は大きいはずです。

自分の声が届く、安心・安全な状態でこそ、「人」は活かされます。

安全の取組には、長年広く行われてきたものがあります。

例えば、危険予知活動（ＫＹＫ）、危険予知訓練（ＫＹＴ）があります。

皆さんからの発言は活発でしょうか。陰に隠れがちな方、言葉が出にくい方はいませんか。もしかすると、聴く姿勢を変えれば返ってくる声も大きくなるかもしれません。

安全衛生委員会。

事務局の発言・特定の方の発言で終わっていては、隠れた危険が見えてきません。委員それぞれの思いを聴く大切な機会です。耳を傾けていると、それぞれの委員と現場の関係性も見えてくるかもしれません。

建設現場で行われる安全衛生協議会。

立場や力関係が口を重くしていませんか。この立場や力関係、そう単純なものではないようです。ただ、安全を目指すという誰も反対できないテーマのもと、それぞれが互いの声を受け止める姿勢が持てたらと思います。

安全巡視・パトロール。

現場の声は聞こえていますか。安全担当者も管理者も、ずっと特定の作業箇所にいるわけではありません。その持ち場を一番知っているのは、その作業を担当している方です。一歩進めるなら、現場で作業する方々が互いに注意をしあえる、それを受け止め、聴きあえる土壌が持てたら、現場は大きく変わると思います。

ヒヤリ・ハット。

報告が上がりづらくなっていませんか。

1つ間違えば、ヒヤリ・ハットの報告はしくじりの告白にも見えます。それを今後の安全のために報告するには、安全への意識に加え、安心して話せる環境・聴く耳が必要だと思います。

近年、安全部門が縮小されたり、安全文化の伝達が上手くいかなかったりという話を聞きます。ヒヤリ・ハットの報告の数が多いことで、現場の長が本社に呼び出されるという話を聞いたこともあります。

報告が多いのは、現場の安全意識が高く、健全なコミュニケーションが取れているということです。繰り返されている同種の報告に、何の対策も練っていないというのならともかく、数が多いというだけで咎められては本末転倒です。

リスクアセスメント・リスクマネジメント。比較的新しいシステムも、書類をつくり上げるに留まらず、生きたものにするには現場との対話が肝心だと思います。

「衛生」から「健康」へ　そして「安全」に

労働衛生3管理の1つ、作業管理は、まさに、「人」を相手とするものです。

有害業務の作業管理は、そこに従事する方々の不便・不安・本音と向き合う作業になります。聴く耳の出番です。

労働衛生は、有害業務への対策に留まらず、健康の保持、ひいては増進にまでその領域を広げています。

令和元年の脳・心臓疾患に関する労災保険の支給決定件数は、製造業で22件、建設業で17件となっています。業種別の統計としては、「運輸業・郵便業」「卸売業・小売業」に次ぐ数字です。過重労働に至る前に、ＳＯＳを聴き取れればと思います。

労働衛生の領域は「体の健康」から、ついには「心の健康」にまで広がりました。

令和元年の精神障害に関する労災保険の支給決定件数は、製造業では90件に及び、業種別の統計としては一番多くなっています。

また、固定的になりがちな人間関係が影響しているのでしょうか。建設業でも41件と、少ない数字ではありません。

いつもと違う部下に声をかける。そんな何気ないコミュニケーションがメンタル不調を未然に防ぐことにもつながります。

ストレスは生きていれば避けられないものですが、高いストレスは集中力を低下させます。作業効率を下げるだけでなく、本人や周りの方の安全を脅かすことにもなりかねません。

話すことには、カタルシス効果があると言われています。ここにも聴き手が登場する意味があると思います。

昨今では、職場環境の改善を語る時、ハラスメントの防止が言われるようになりました。

何を言っても「ハラスメントだ」と言われそうで言いたいことが言えない、という声を聞きます。

「言っても」「言われそう」「言いたいこと」「言えない」

どれも話し手のセリフばかりで、聞き手がいません。聴く耳を持って双方向性のコミュニケーションを目指すことで、ハラスメント防止を図ることが大切だと思います。

パワーハラスメント防止の事業者の措置義務が、令和4年4月から中小企業にも課されます。

相談体制を整えることも急がれます。

相談の場で不快な思いをさせることは、セカンドハラスメントと呼ばれます。

勇気を出して相談に来られた方を再び傷つけることのないよう、しっかり聴くことからだと思います。

相談に対応するには、相談者以外の関係者から話を聴く場面もあります。

それぞれの思いを抱えた方々に、どう向き合うかも難しいところですが、ここでもきちんと聴くことが大切です。

聴くことは大仕事

聴くことは、話すことより疲れます。忙しい方々には、これは大きな負担だと思います。

少しでもお役に立てればと思い、セルフケアの項も入れてみました。

ご自身を守りながら、少しずつ・・・。

聴くことで、現場を変えてみませんか?

第二章

傾聴のコツ 話す工夫

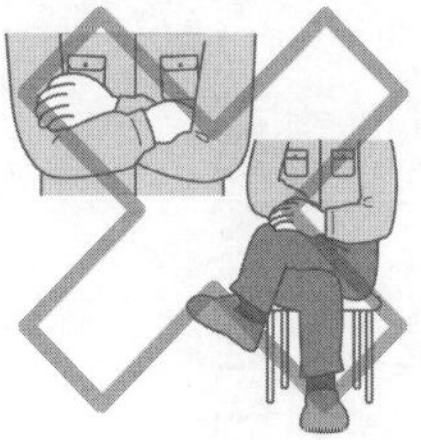

①聴く力を高める

1.「聞く」と「聴く」

「聞く」と「聴く」は違います。

気取って英語にすると、「聞く」は、hear、「聴く」は、listenが近いようです。

私たちの周りには、色々な音があふれています。可聴域と呼ばれる一定範囲の周波数の音波なら、音として耳が受け止めています。

騒音も、BGMも、耳は聞いています。

ですが、記憶にまで届くのは「聴こう」とする情報を選択し、「注意」を向けた音源だけです。この「注意」を「選択的注意」と言います。

賑やかな場所なのに、話し相手の声だけは聴き取れたという経験はありませんか？

「カクテルパーティー効果」というお洒落な言葉があります。

カクテルを片手に大勢の参加者が、思い思いにワイワイと語り合っている時、パーティー会場は、たくさんの音が聞こえています。それなのに、話し相手の声は聴こえるという状態のことです。レコーダーで録音すると雑音だらけで話の内容が分からないような時でも、

です。

つまり、話し相手に「選択的注意」を向けていることで起きる効果です。

自分に向けられた声に注意を向けて耳を傾けた時、声は情報になり、記憶に留まります。それが、「聴く」ということです。

聞き流していたのでは情報は通り過ぎていきます。

「聴く」姿勢を示すことで、話し手は安心して情報と知恵をくれます。

聴く耳を持つ人には、知恵と情報があつまります。

傾聴

アメリカの心理学者カール・ロジャーズが「積極的傾聴法」を提唱しました。「聴く」を発展させたカウンセリングの在り方とも言えるものです。

この「積極的傾聴法」では聴く側の3要素を挙げ、人間尊重の態度で臨むカウンセリングを提唱しています。

3要素は次の通りです。

①共感的理解

相手の話を、相手の立場に立って、相手の気持ちに共感しながら理解しようとすることです。

②無条件の肯定的関心

相手の話を善悪の評価、好き嫌いの評価を入れずに聴くことです。相手の話を否定せず、なぜそう考えるようになったのか、その背景に肯定的な関心を持って聴きます。

③自己一致

聴き手が相手に対しても、自分に対しても真摯な態度で、話が分かりにくい時は分かりにくいことを伝え、真意を確認するというものです。

「共感」は、同情や同感とは、違います。同じように感じたり、自分の感じ方に引き込んで同情したりすることではありません。話し手の考え方では、こう感じるのだという理解です。

③では、「真意を確認する」ことが言われていますが、質問攻めにすることではありません。話を一通り聴いた後で、互いの理解を進めるために確認することをお勧めします。

職場での対話はカウンセリングではありませんが、積極的傾聴法の考え方は職場のコミュニケーションに広く活用されています。

・先入観で話を聴いていませんか?

「この人の言うことは、こんなもんだろう」と思い込んでいると、今の相手が見えなくなります。

・自分の知りたいことばかり質問していませんか？
相手にも話したいことがあります。
・正しいかどうかの議論に持ち込んでいませんか？
まずは思いを聴いてみましょう。
・自分と違う考えは「間違いだ」と決めつけていませんか？
考え方は人それぞれです。
・アドバイスを求めていると思い込んでいませんか？
ただ聴いてほしいだけかもしれません。

さて、理屈っぽいことを続けましたが、傾聴のコツを、まずは形からお話していこうと思います。

2.「場」をつくる

傾聴に関する記述は、静かな場所で、話し手と聴き手が座っている前提で始まります。現場での立ち話や短い会話については、後の項でお話しします。

まずは、じっくり話を聴く場面の説明をしようと思います。

場所

プライバシーの守られる部屋を用意します。いきなり誰かがドアを開けて入ってくるような環境では、安心して話せません。

話し手と聴き手の位置

机が無く椅子だけの場合は、お互いの角度が90度になるのが良いと言われます。

机を間に挟んで座る場合には、真向かいになるよりも対角線上に座ることが勧められています。

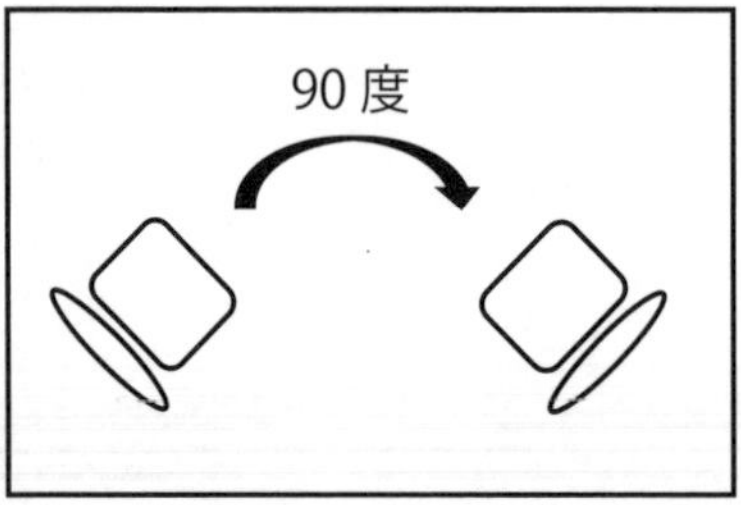

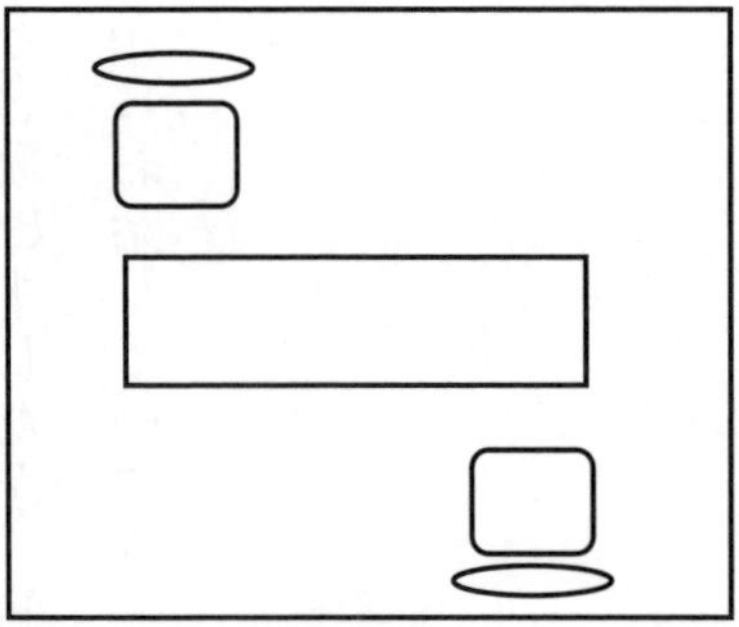

厳密に守らなければならないルールというより、臨機応変にというところです。

要は、真正面に向かい合うと圧迫感が生まれ、リラックスして話すことが出来にくくなるということです。

パーソナルスペース

他人に近づかれると不快に感じる空間のことをパーソナルスペースと呼びます。パーソナルエリア、対人距離などと呼ぶこともあります。

会話をしていて「この人、距離が近すぎる」と思ったことはありませんか？

パーソナルスペースは、人によって広い・狭いがあります。話し相手のパーソナルスペースが、自分のものより狭いせいかもしれません。

パーソナルスペースは、相手に対する親密度で変わります。親密に感じるほど狭くなります。

相手を近いと感じるのは、相手が思っているほど親密な関係と思っていないせいかもしれません。

また、私の感覚ですが、心の疲れている方はいくぶんパーソナルスペースが広くなることもあるようです。相手が近いと感じるのは、自分の心が疲れているのかもしれません。

打ち解けて語り合うことを「膝を交えて話す」と言います。

文字通り膝が重なったりぶつかったりするほど近づいて話をしている、ということがもととなっている言葉です。

親密さを示そうと膝がぶつかるほど近づくと、相手のパーソナルスペースに入り、かえって不快な思いをさせる危険があります。

50cm以上、腕を伸ばしたくらいの距離は、少なくとも取りたいものです。

親身になって話を聴きながらも、相手を独立した人格として尊重する距離、という感じでしょうか。

感染症の拡大を経験して、ソーシャルディスタンスという言葉が広く使われることになりました。

ソーシャルディスタンスは、パーソナルスペースよりも、いくぶん広いようです。

誰もが重い経験をすることになりましたが、少なくとも、他者との距離の取り方を学ぶ機会にはなったと思います。

秘密を守る

これもまた、場をつくることになります。

心の内側に入るような話やプライベートに関わる話。

話すことをためらっている相手には、特に大切です。

「秘密は守るよ」の一言で話し手に安心感が生まれます。

「俺の胸に収めたほうが良い話なら、だれにも言わないよ」

といった言葉でも良いかと思います。

ただし、自傷他害、つまり、話し手が自分や周りの人を傷つけるおそれがある時は別です。聞き手ひとりで抱え込まずに、対応すべきところです。

場をつくったら・・・

場をつくり終えたら、聴くことのスタートです。

次に、「聴くコツ」をお話しします。

3．ここだけ気をつける　傾聴のコツ

優しい顔

持って生まれた怖い顔だからどうしようもない、と諦めないでください。

私も直線だけで出来ているような至ってシンプルな顔ですので、優しく見えるかどうかは自信がありません。

要は、「優しい顔で」という気持ちで臨む姿勢が大切です。

顔に力を込めて、目も鼻も口も、顔の真ん中に、ギュウと集めて、パッと緩める。するとその方の一番優しい顔になるそうです。

お試しあれ、です。

体ごと聴き手に向いて

首だけ、目線だけ聴き手に向けたのでは、ちゃんと聴いてもらっているとは思えません。

体ごと、話し手のほうに向いてください。「さあ、聴くぞ」の合図になります。

姿勢

前のめりになりすぎると圧迫感が出ます。後ろに反るとふんぞり返ったような印象を与えます。

少しだけ、前傾で、と言われています。あまり気にしすぎると話が入ってこなくなりそうですから、気がついたら修正する感じで良いかと思います。

少しだけ、ほんの少しだけ、身を乗り出す感じで、というところです。

腕を組まない・脚を組まない

いざ話を聴くとなると、何を言い出すのだろうと聴き手も不安になりがちです。

腕を組むのは、そんな不安な自分を抱きしめて落ち着かせる意味もあるようです。

ところが話し手から見ると、腕を組んだ聴き手はバリアを張っているように見え、自分の話を受け入れてくれないと感じがちです。

一度、腕を組んで鏡を見てみると、話しづらさを実感できるかと思います。

脚を組むのも、できれば止めた方が良さそうです。姿勢が後ろに倒れがちにもなりますし、真剣さが無い印象を持たれそうです。

では、腕や脚は、どこに置けばいい？

どうぞ、自然な位置で。

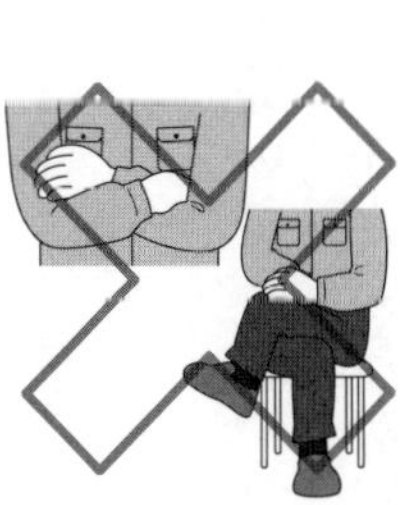

視線

視線・目線をどこに向けるかは色々な説があるようです。

眉間のあたりをボンヤリと見る、というものもあれば、喉元や口元を見るという方もいます。

要は、強い視線で相手の目をキッと見るのは避けましょうということのようです。

子供のころ「人の話は、目を見て聞きなさい」と教わった身には、なかなか難しいところです。

猫カフェで猫の目をキッと見ると、猫は逃げ出したり、身を縮めたりすることがあります。どうも生き物は、目をジッと見られると緊張したり身構えたりするようです。

安心して話してもらうために、柔らかい視線を口元・喉元・眉間あたりに向けてはいかがでしょう。

ただし、「ここはちゃんと聞いて」という話し手のサインを感じたら、目元に柔らかい視線を向けてみましょう。聴き手としても、どうしてもこれだけは伝えたい、と思う時にも、です。

眼力のある方。聴く時は、その眼力を、弱めで、お願いします。

時間

カウンセリングの多くは、50分前後の時間を決めて行われています。

話すのも、聴くのも、このあたりが限界のようです。

疲れたまま聴き続けても良い結果にはならないようです。

話し手からの申し出で始まった面談なら、「また、時間をつくるから」という一言で突き放した印象が無くなります。

前もって時間を知らせておくのも良いと思います。終わらせづらいようであれば、部屋が使える時間に制限がある、来客・電話の予定がある、などの方便もお互いを守る工夫です。

話し手の申し出ではなく、聴き手から招いた面談なら、むしろ、終わりの時間を告げておくことで話し手が落ち着くこともあります。

あいづち・うなずき

心地よい「あいづち」があると話しやすくなります。

「はい！」「それで！」と勢いの良すぎる、明瞭すぎる「あいづち」は、話しの流れを切ることがあります。

息が多めの無声音、ため息まじりのような

「あいづち」が望ましいと言われます。ハ行の言葉が良いとも言われます。

文字にしにくいのですが、「うん」を「ふぅん」に、「ああ」を「はぁあ」に近づけるような感じです。

要は、勢いのありすぎる「あいづち」は相手を追い立てる恐れあり、ということです。

「よかったね」

「大変でしたね」

「それはすごい」

これらも「あいづち」です。

気持ちを表す言葉です。

職場では、冷静沈着が一番、気持ちは表に出さないほうが良いという向きがあります。

気持ちを込めた「あいづち」は、言われると心地良いものです。

難しいようでしたら、ご無理なく。

うなずくだけでも、話し手は励まされます。

「うんうん」

「ええ」

「そうかそうか」

「わかる」

「なるほど」

うなずくパターンも次第に増えていきます。

繰り返し

聴き手が言葉を一語か二語繰り返すと、ちゃんと聴いてもらっているという印象を話し手に与えます。

話のどの部分を繰り返すかが難しいところです。

例えば、

「金曜日に、○○さんに、イヤミを言われて、悔しくて夜も眠れないんです」

と相談されたら、どこを繰り返しましょう?

仕事モードだと、事実確認を急ぎます。

「金曜日って先週の?」

「○○さんて、本社の?」

「イヤミって、具体的に何を言われたの?」

出てくるのは質問の山になります。

できればここは、

「悔しくて夜も眠れないのか。それはつらいな」

の一言から始めてはいかがでしょう。

悔しい、つらい、悲しい・・・。

こうした「弱さ」と受け取られがちな感情の言葉は、なかなか職場では言いづらいものです。にもかかわらず、ぽろりとこんな言葉が出てきたときはSOSです。

そのまま繰り返すことで、追い詰められた気持ちを「受け止めた」と伝え返すことができます。

冒頭、事故後の聞き取りの話をいたしました。

事実確認に入る前に、被災者や関係者の話を聴く時には、こんなふうに問いかけてはいかがでしょう。

「ちゃんと食べていますか？」

「眠れていますか？」

つらい気持ちがこぼれたら、そのまま繰り返して受け止めてください。

「つらいか？」はNGです。

心に踏み込むより、体を気づかう言葉から問いかけることをお勧めします。

開かれた質問・閉ざされた質問

ＹＥＳ・ＮＯ、はい・いいえ、で答えることが出来る質問を「閉ざされた質問」と言います。

「元気か？」

「はい」

「・・・・」

のような会話です。

なかなか話が弾みません。

「最近どう？」

この質問に、はい・いいえ、で答えると会話になりません。

短い「開かれた質問」です。

思いがけない話が聴けるかもしれません。

前の文章でお話しした、

「ちゃんと食べていますか?」

「眠れていますか?」

は、閉じられた質問です。

答えに自由度が無い分、答えることに負担が少ないという利点があります。

問い詰める感じにならないよう注意すれば、閉じられた質問にも有効な場面があります。

開かれた質問・閉ざされた質問。

場面ごとに使い分ければ、スムーズな会話につながります。

要約

相手の話をまとめて返すことです。

ちゃんと理解してもらえている、と思うことはうれしいものです。

違っていたら修正してくれます。

この修正の過程で話し手自身も自分の話を見直すチャンスを得ますから、「はずした!」と落ち込まないでください。

要約する時には、事柄をまとめるのも大切ですが、話し手が語った「気持ち」も入れることをお勧めします。

「○○のことがあって、悔しかったんだな」

と伝える感じです。

報告書には要らない言葉ですが、「気持ち」は話し手にとって大事な言葉です。受け止めてもらったことの確認になります。

沈黙

相談がある、と言ってきたのに黙っている。

なかなか困った状況です。

「何とか言えよ。こっちも忙しいんだ」

と、つい口走ってしまいそうですが、聴く時間数を決めたら、腹を括りましょう。

「ゆっくりでいいよ。どうした？」

「秘密は守るから安心して話して」

「話しやすいところからでいいよ」

などなど、相手を安心させる一言を伝えて待ってみましょう。

こちらから招いた場合は、なおのこと、安心させる一言でゆったり待ってみましょう。

「話してください」

と指示するよりも

「話が聴きたい」

と、自分の気持ちで語りかけることをお勧めします。

沈黙には、言葉や話し方を探している場合と、話をすることに不安を感じている場合があります。

前者なら「ゆっくりでいいよ」の一言で待つこと、後者なら安心してもらう言葉をかけることが大事です。

見極めが違っていたら修正すれば大丈夫です。思いやる気持ちはきっと通じます。

話の途中の「沈黙」にはもう1つ、「何か言ってほしい」というのがあるようです。

前に書きました「要約」を返して状況を整理する、話し手の言葉を「繰り返す」、ねぎらいの言葉を返す、など短めの言葉を返してみると、また話が進むようです。

自称「聞き上手」のワナ

傾聴の練習方法に、録音して、逐語記録をおこすという方法があります。

文字にしてみると、聴き手のはずの自分が長々と話していることに驚くことがあります。「聞き上手」と自称する方に多い傾向のようです。

会話が途切れず、リズム良く進み、聴き手が心地良く終了した時、

「私って聞き上手だな」

という気持ちになるようです。

実は、話し手と聴き手がいつの間にか入れ替わり、話し手としての爽快感を得ている結果です。

「自分は聞き下手だな」と感じている方。

途切れ途切れの会話の中で、話し手はあなたの誠意を感じているかもしれません。

テンポやリズムは気にしなくて大丈夫です。むしろ「間」の方が互いの考えを深めるように思います。

怒っている人

怒っている人の話を聴く場合です。

足を踏まれて怒っている人は、痛かったのです。

イヤミを言われたと怒っている人は、つらかったのです。

「痛い」「つらい」は弱さを表す言葉。

怒ることができるのは、強い人だけ。

怒ることで、弱者にならないで済む。

そんな思いの回路がどこかで働いているような気がします。

怒っている人の話を聴くなら、まず座ってもらいましょう。

一緒に座れば、対等な、フラットな関係に戻せそうです。

怒りの陰にある「痛い」「つらい」に目を向けてみましょう。

手を焼かせる相手の柔らかい一面が見えてくるかもしれません。

大声を上げれば怒っているように見えます。

怒りの表現を、主張を通すため、上位に立つために使う方も確かにいます。

これも座っていただきましょう。

理屈が通っていれば主張は通り、尊敬されれば上位に立てる。

毅然と、中身で向き合いたいものです。

泣いている人・落ち込んでいる人

一緒に落ち込まないことです。

気持ちを受け止めても、一緒に落ち込んでしまうと助けられません。

「聞いて、聞いて」の人

聴くと決めると、「聞いて、聞いて」と繰り返しやって来る方が現れることがあります。

頻度が増えるようなら「10分だけな」と時間を切る、「現場が立て込んでいるんで、今度な」と距離を取るのも有りだと思います。

急に切り捨てられたと感じさせないように、程よい距離を取って。

自分を守りながら

繰り返すようですが、聴くことは疲れる仕事です。

一緒に怒ったり、一緒に落ち込んだりするともっと疲れます。

地盤がしっかりした安全な場所にいるイメージで、話し手に手を差し伸べてください。

そうしないと、一緒に溺れてしまいます。

相手を写す鏡になりなさい、という方もいます。

話し手がふっと何かに気づくのは、安定した場所に立つ「優しい鏡」の前で、です。

相手も自分も守りながら進めるのが聴くという共同作業だと思います。

4. ロールプレイのすすめ

傾聴の練習として、様々な講習に取り入れられている方法です。

講習の目的や講師の意図などでバリエーションがありますが、シンプルなものをご紹介します。

グループ分けと役割決め

3人一組でグループをつくります。

グループごとに

- 話し手
- 聴き手
- 観察者

を決めます。

参加人数が3で割り切れない時には、4人のグループをいくつかつくります。

4人のグループでは、観察者を2人に増やします。

傾聴の説明

ロールプレイを始める前に、前の項で書きましたような「コツ」を説明します。

椅子の角度、姿勢、表情、目線、あいづちなどのお話をします。

コツを説明せず、いきなり始めてもらって、体験から学んでもらうという方法もありますが、最低限の説明をしておいたほうがスムーズに運びます。

時間

時間を決めます。

これも、15分、30分など、ケースバイケースです。

安全衛生教育などに組み込む場合は、私は7、8分で行っています。長い時間を設定すると、初めて取り組まれる方には、負担に感じられるかもしれません。せっかくの練習で聴くことに拒絶反応を起こされると困るので、短めに設定しています。

それぞれの役割

話し手の方は自由です。

何を話しても良いですよ、と呼びかけます。ただ、後で言わなければ良かったと思う話や重すぎる話は止めておきましょう。

困ったら、好きなこと、好きな食べ物などの話をお勧めします。

聴き手は、自分の話に持っていかないように「聴くことに徹する」という心で臨んでください。

観察者は、無言でお願いします。

2人のやり取りを客観的に観察してください。

それでは、始めてください。

感想の交換

参加者それぞれが、グループ内で感想を伝えあいます。

1人1分くらいでお願いしています。

まず、聴き手です。

苦労話で結構です。

次に観察者です。

やっと話せます。

見守っていて感じたことを伝えてください。

最後に話し手です。

率直な感想でお願いします。

ロールプレイの意味

聴き手にとっては、それこそ傾聴の練習です。

話し手は、「聴いてもらうこと」を体験できます。

観察者は、聴くことを客観的に見ることが

できます。

続ける時は・・・

時間がとれるようでしたら役割を交替して繰り返します。

時計回りに1つずつずらして、役割を交替してください、などと声をかけます。

役割を複数こなすと、それぞれの立場で見え方が違うことを実感できます。

締めは・・・

グループごとに気づいたことを発表してもらう方法もありますが、私は質問をお受けするという流れが多いです。

質疑が終わると、こんな感じで問いかけます。

「隣のグループの話は聞こえましたか？」

首を横に振ってくださる方がほとんどです。

講師として、会場の前に立って全体を見渡していると、ただワイワイという音が聞こえるだけで、どなたの話も聞き取れません。

なのに、取り組んでいただいている方々にはグループの話し手の声だけが聴き取れています。

こんな状況が生まれれば、まずは、「聴くこと」の練習としては大成功だと思います。

耳を傾け、聴き取ろうとする姿勢が生まれます。

ロールプレイを行ってみると・・・

様々な会社の方が参加する講習ではお互いに初対面ですが、終わると、話し手は聴き手を「良い人」と感じることが多いようです。

終了後には名刺を交換する光景もよく見かけます。

もう会うこともなさそうな人に話をする新鮮さもあるようです。

社内で行う時には前提となる関係性があるので、なるべく仕事の関係性が遠い方とグループを組むことをお勧めします。

社内で実施する時には、必ず全体を見渡すファシリテーターを置いてください。

ファシリテーターとは、ロールプレイを行いやすいようにサポートし、舵取りをする人です。経験者が望ましいです。

実際にロールプレイを行ってみると色んなことが起きます。

・重すぎる話を始める人

本人はそうは思っていないのですが、聴き手が戸惑っていることがあります。

・黙っていられない観察者

・説教口調になる偉い人

などなど、色んな方が現れます。

そっと修正するファシリテーターの存在が必須です。

7、8分という時間はあまりに短そうですが、意外とたくさん話せます。

振り返ってみてください。

職場でも家庭でも、7、8分間好きな話を出来ることはあまりないのではないかと思います。

「ちがう、ちがう」などと遮られたり、いつの間にか話を取られていたりで、最後まで話せる機会は少ないのではないでしょうか。

だから、聴いてあげると「良い人」になれます。

5. あなたはどんなリーダーを目指す?

リーダーシップについては、色々な説があります。

長く広く語られているものに、ＰＭ理論があります。

ＰＭ理論

心理学者の三隅二不二（みすみ　じゅうじ）氏が提唱した理論です。

「新しいリーダーシップ　集団指導の行動科学（三隅二不二著）」を参考に概略をお話ししてみます。

集団機能を２つの次元に区別します。

１つは、集団の目標達成の機能です。Performance（パフォーマンス）の頭文字をとって、「Ｐ機能」と略称されます。

もう１つは、集団それ自身を維持し強化する機能です。Maintenance（メインテナンス）の頭文字をとって「Ｍ機能」と略称されます。

三隅氏は、リーダーシップは単なる個人の行動ではなく、本来集団的な社会事象であると分析します。

このことから、集団機能の２つの次元を使って、リーダーシップのあり方を４つの区分で示しています。

P機能が強いリーダーを大文字のPで、M機能が強いリーダーを大文字のMで表します。

三隅氏は、P型・M型・PM型に監督者を分け、行動を指示して実験を行っています。

作業員を複数のグループに分け、タイプの違う監督者の下で同じ作業を行うことで、その違いを明らかにしようとしています。

それぞれの監督者の行動は次のとおりです。

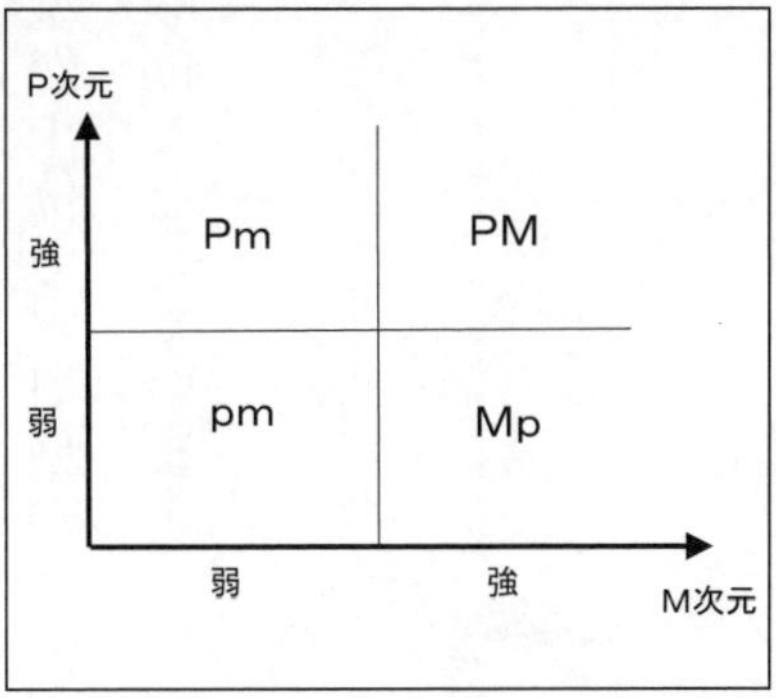

【P型の監督者の行動】

「急いで、急いで」「遅いぞ」「時間がありませんよ」「遊ばないで仕事、仕事」といった言動で部下に指示を与え、叱咤するのみです。

部下の気持ちに対する配慮は極めて少なく、ただ作業の成果があがることのみに専念するというタイプです。

【M型の監督者の行動】

「さあ楽しく、愉快にしましょう」とか「もう少し仲よく進めましょう」とかの言動で和気あいあいとした雰囲気を心がけます。

「大変ですね」「もう少しの辛抱ですよ」という言葉もかけます。対人関係の緊張を解消させることに留意しますが、仕事の成果をあげることへの関心は、極めて薄いタイプです。

【PM型の監督者の行動】

P型とM型を兼備したタイプです。2つの監督方式を自然に融合したものです。

実験の結果では、PM型の監督者がいた集団が、最も生産性が高い結果になっています。次いでP型，M型の順番になっています。

そして、作業員が、監督者に好意的であった順位、作業に対する満足度の順位は、いずれもPM型が1位で、M型が2位、P型が3位という順位となっています。

いかがでしょうか？

ご自身は、どんなリーダーですか？

そして、どんなリーダーを目指していますか？

M型の相棒がいれば、役割分担して、自身はP型を貫くことも可能かもしれません。

しかし現場の現状では、この役割分担ができる人員は確保されていないように思います。リーダーが、自身で、P機能もM機能も果たさなければならないのが現状ではないでしょうか。

M機能を果たすために、まずは部下や後輩の声に耳を傾けるところから始めてはいかがでしょう。集団維持と目標達成は、チームを前に進める両輪です。

ジョハリの窓

ジョハリの窓は、1955年にアメリカで開催された「グループ成長のためのラボラトリートレーニング」の席上で「対人関係における気づきのグラフモデル」として発表されたものです。

発表したのはサンフランシスコ州立大学の心理学者ジョセフ・ルフト（Joseph Luft）とハリ・インガム（Harry Ingham）で、2人のファーストネームを取って「ジョハリの窓」と呼ばれるようになりました。

自分に関する全ての事柄の領域を、「自分が知っている／知らない」と「他者が知っている／知らない」の2つの次元によって分けると、4つの領域に分けることができます。

この領域の図が窓のように見えるので、「窓」という名がついています。

	自分は知っている	自分は知らない
他者は知っている	開放の窓	盲点の窓
他者は知らない	秘密の窓	未知の窓

自己開示によって盲点の窓や秘密の窓を小さくして、対人関係を進展させたり、自己理解を深めたりすることができると説明されます。（「心理学辞典　有斐閣」を参考としました）

さて、自己開示という難しい話にいかなくても、この窓を自分に当てはめてみると「なるほど」と思う経験が浮かんできませんか？

私事ですが、定年を待たず、役所を退職し、その後フリーの身に転じました。

退職することを告げた時、ある方から「ゆるキャラタイプの管理者がいなくなると寂しいです」と別れを惜しんでいただきました。

自分の知っている「私」は、クールで理知的なタイプだったのですが・・・。

ゆるキャラにも色んな種類があるようですので、愛らしいタイプのイメージであったことを祈るばかりです。

職場に立つ皆さまも、自分が知っている自分とは違う顔に見えているかもしれません。

話を聴くことは優しい鏡になること、と少し前で申しました。

話を聴くことは、話し手の知らない話し手自身を知ってもらうことかもしれません。

また、語られる話や所作の中に、聴き手の姿も映る時があります。

ああ、自分はこういう人だと思われていたのだと知って、新鮮な驚きを覚えるかもしれません。

時には、話し手となって誰かに話を聴いてもらうことで、自分の知らない自分と向き合ってみるのも良いものだと思います。

自分が思うより「優しい人だ」と思われているかもしれません。ひょっとすると「厳しい人だ」と思われているかもしれません。

いつも他者の目ばかり気にしていると動きづらくはなりますが、時々、自分が思い描く自分と他者の目に映る自分のズレを見つめてみてはいかがでしょう。

6. セルフケアのすすめ

ここでは、メンタルヘルス、とりわけ、セルフケアの話をします。

話し手のメンタルヘルスではなく、聴き手にまわる方々のメンタルヘルスの話です。

繰り返しになりますが、聴くことは大変な仕事です。

心が元気でないと、人の話は聴けません。

ストレスの高い状態だと、ついイライラとして相手を傷つける言葉を使ってしまうことがあります。

まず、ご自身のケアを、というところです。

ストレスとは・・・

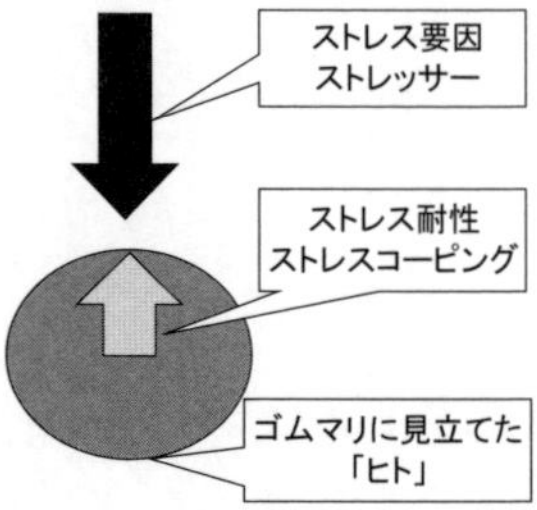

天候の変化、睡眠不足、仕事の忙しさ、人間関係の悩みなど、色々なことがストレス要因となってやってきます。

適度なストレスは人生のスパイスかもしれませんが、限度を超えると図のゴムマリがフニャリと凹みます。これが、「ストレス反応」です。

それでもストレスに耐性があれば、ゴムマリはまた元の形に戻ります。

一番良いのは、ストレスの原因を無くすこと、せめて軽減することです。

いつもつまずくゴミ箱があるなら、ストレス耐性をみがく前にゴミ箱の位置を変えることです。職場環境の改善です。

ですが、いかんともし難いストレス要因もあります。

となると、ストレス耐性を身につける必要が出てきます。

基本は、休養・睡眠、運動、食事、リラクゼーションということになります。

- 最低でも5~6時間以上眠っていますか？
- 日中に眠くなっていませんか？
- 夕食から就寝まで2時間以上の間隔がありますか？
- 週一度くらい、生活の中に、一駅歩くくらいの運動を取り入れていますか？
- 楽しい気晴らしはありますか？

ご安心ください。

全て大丈夫です、と答える方はどの講習会場でもだいたい一割程度です。

仕事で体を動かしているという方も、一定の動きばかりになっていることがあります。

肩より上に腕をあげることはあまり無かったりします。

1個ずつでも、少しずつでも、生活習慣を良くしていくことをお勧めします。

ストレスモデル

良く使われるストレスモデルです。

認知的評価という難しい言葉が使われていますが、要は、「ものは考えよう」ということです。

例えば、完璧主義の方。

少しでも上手くいかないことがあると、「失敗だ」「ダメだ」と考えていませんか?

反省は必要でしょうけど、0か100かで評価せず、60点は取れただろうと、たまには自分を評価してみてはいかがでしょう。

それでも上手くいかない時のために、ストレス耐性を身につけることをお勧めします。

色々な方法が提案されていますが、簡単に出来そうなものを2つ紹介します。

筋弛緩法

力を入れて、肩をうんとすくめます。

5秒たったら緩めて、ゆったり呼吸をします。

吐いて吸って吐いてという感じです。

これが基本です。

腕・足・肩・お尻・顔と順番に行っていきます。

体の緊張を解くと同時に、固まっていた心も緩んでいきます。

動作の数が多いので、取り組んでいる間は頭の中が空っぽになるという利点もあるようです。

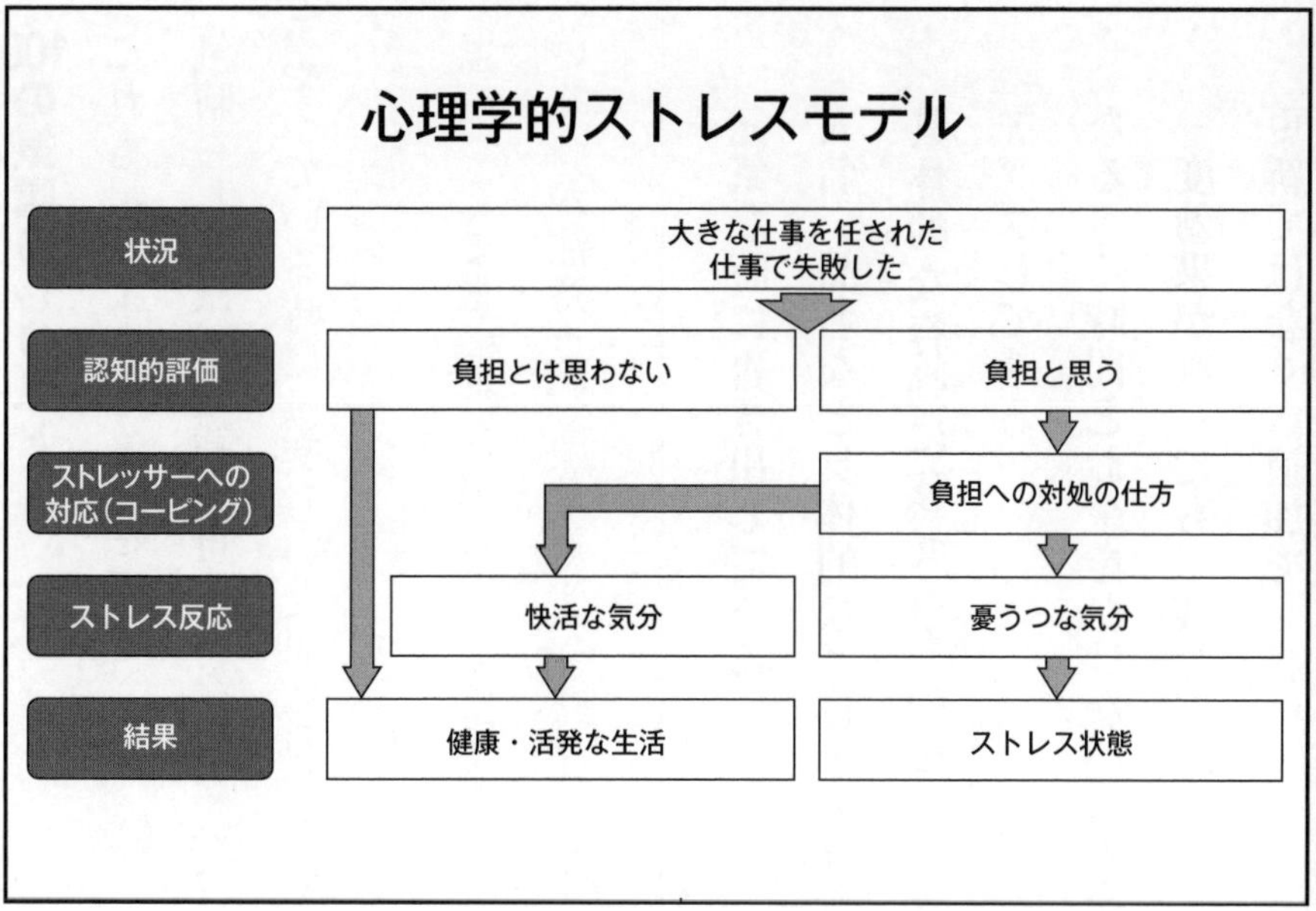

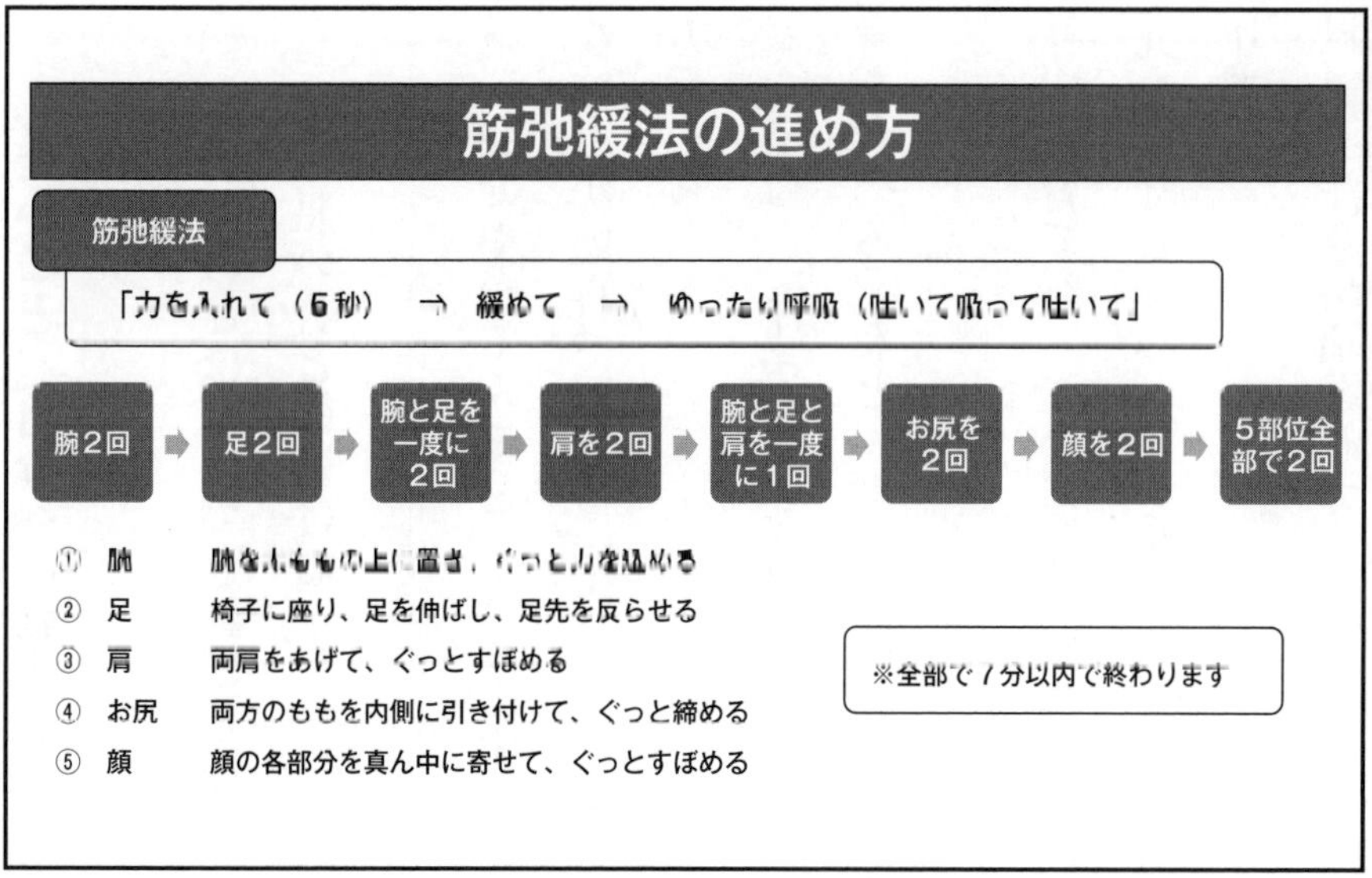

参考文献：「今日のメンタルヘルス－健康・医療心理学の実践的展開－石丸昌彦著」

100の気晴らしリスト

これも最近よく聞く方法です。

気晴らしとは、一銭の得にもならないけれど、やっている時には楽しいと思えることです。

思いつくままに書き出していきます。

いくつか注意点があります。

- 元気な時に書き出してみる
- 人名・品名など具体的な名称を入れる
- 具体的な行動に移せるものをピックアップしてみる
- なるべく時間とお金をかけないものを
- 一度効果が無くても、残しておく
- 更新ではなく、追加で
- したいこと、自分への励ましなども入れてみる
- お酒はほどほど　できれば禁煙
- 体に悪いことは避ける

講習会でやってみると、書き出す手が止まらない方がいらっしゃる一方で、全く書けない方もいらっしゃいます。

私なぞは、「イチジクを食べる」「ハマチの刺身を食べる」など、食べ物関係が続きます。

社内講習で行っていると、隣の席の同僚の手元をのぞき込み、笑い出す人が出たことがあります。

以来、注意事項として、他の人のリストを

見ないこと、他人の気晴らしを笑わないことを加えました。
気晴らしは、くだらないものです。
くだらない、と言わずに、大切にすることがリラクゼーションの基本だと思います。
ストレス耐性を身につける方法は、様々に提案されています。
自分に合ったものを探してみてはいかがでしょう。
ストレスチェックの結果を、見て見ぬふりしていませんか?
自分をケアしていますか?
自分を大切にしてこそ、チームや仲間を大切にできます。

②こんな場合はどうしたら

7. 普段の会話の中で

・段取りを伝える
・指示を出す
・出した指示を確認する
・報告・相談を受ける

など、現場で普段交わす会話は短いものが多いように思います。会話のキャッチボールとしては、2、3往復というものも多そうです。

そんな短い会話でも、

・会話を大切にしているというサインを出す
・必要以上の緊張をさせずに、話してもらう雰囲気をつくる

という工夫があると思います。

少しでも静かな場所へ

作業の音、機械や重機の音から、少しでも離れて会話をすることをお勧めします。

大きな声で話すと、叱責しているような、咎めているような印象を与えがちです。

大きな声で話さなければならない時は、いつも以上に言葉遣いや語調に注意が必要です。

また、ほんの1歩2歩でも大きな音から離れると、この会話を大切に考えているというサインが出せます。

体の向きを変えて

つま先から頭まで、相手の方に向けて会話をすることをお勧めします。

手元や足元の状況で無理なら、せめて上体だけでも、それも無理なら、顔だけでも、目線だけでも、相手にちゃんと向けることです。

短時間・一瞬でも、効果はあると思います。

名前を呼ぶ

「○○さん」と会話の中で呼びかけてみて

ください。相手の注目度が変わります。

眼力は弱めで

強い視線で目を見て会話をすると、威圧的な印象になります。

とりつくろった言葉が返ってきがちです。

「不都合な真実」が、話せなくなります。

その不都合が表に出てきた時には、もう対処が難しくなっているかもしれません。

伝えたいことを話す時だけ、まっすぐな真剣な目線を相手の目に向けます。

あとは、優しい目線でお願いします。

時間が無い時

時間が無いからといって、「オチから言っ

てくれ」「早く言えよ」は、NGです。

結論をまとめきれないから相談しているのです。上手な相談・報告の仕方を学ぶには時間がかかります。

「一時間くらいしたら手が空くが、急ぐかい？」と聞いてみてはいかがでしょう。

緊急なら優先順位を変えることも、検討してみるところです。

分かっているはず・・・のワナ

情報の伝達ルートや経験値、担当する仕事によって、それぞれが持つ情報の量と質は違います。関心の置き所も違います。

同じ言葉も違う意味で使っているかもしれません。

時には、「分かってもらえました？」「それは、こういうことですか？」と確認することも必要だと思います。

当たり前と思っている言葉が通じていないことがあります。

説明が必要な言葉は、意外なところにあるようです。

気持ちの言葉

短い報告の中にも、

（大変だったんですよ）

（頑張りましたよ）

（つらかったですよ）

（私だから出来たんですよ）

などの「気持ち」が入っていたりします。

そこには、

（分かってください）

という気持ちも入っています。

長い言葉を返す必要は無いと思います。

「大変でしたね」

「お疲れ様です」

「嫌な思いをされましたね」

「さすがですね」

などの一言で報われる思いがあります。

照れないで短く言ってみてはいかがでしょう。

相手の方も照れながらも喜んでくれそうです。

短い会話でも

いえ、短い会話だからこそ、印象が強いものです。

2、3往復の会話を、2ターンほど増やしてみませんか。

その後の仕事を元気に安全に取り組んでいただくために、工夫と気遣いのある会話を心がけたいものです。

8. いつもと違うアイツに声をかけたい

メンタルヘルス不調の予防と悪化防止には、早期に気づき、すぐに対処することが大切と言われています。

管理監督者が「いつもと違う」部下に早く気づくことが、ラインケアとして大切なところです。

「いつもと違う」部下とは

『「いつもと違う」部下の様子』として、厚生労働省のパンフレットでは次のように例示されています。

① 遅刻、早退、欠勤が増える
② 休みの連絡が無い（無断欠勤がある）
③ 残業、休日出勤が不釣合いに増える
④ 仕事の能率が悪くなる。思考力・判断力が低下する
⑤ 業務の結果がなかなかでてこない
⑥ 報告や相談、職場での会話が無くなる（あるいはその逆）
⑦ 表情に活気が無く、動作にも元気が無い（あるいはその逆）
⑧ 不自然な言動が目立つ
⑨ ミスや事故が目立つ
⑩ 服装が乱れたり、衣服が不潔であったりする

（「Relax 職場における心の健康づくり」より）

声をかける・話を聴く

「いつもと違うけどどうした？」などと声をかけます。

「はい・いいえ」では答えられない「開かれた質問」です。

話を聴いてみて、解決するようであればいったん終了ですが、メンタル不調の心配などがあれば産業医などの産業保健スタッフに繋げます。

声をかけても話してくれないなら

1、2週間様子を見て声をかけてみます。

それでもダメなら、選手交替します。

他の管理者や産業保健スタッフなどに声をかけてもらいましょう。

部下のことは全部、直属の上司が解決しなければ、と思う必要はありません。

どちらも悪くないのに、相性のせいで口が重くなることはあります。

気づいてあげることが重要です。

9．相談事を聴く時は

思わぬ人から悩みごとの相談を持ちかけられることがあります。

「ジョハリの窓」でいうところの「盲点の窓」でいうなら、「相談するなら、この人」と思われていたということでしょうか。

まさに「聴くコツ」の出番です。

そのうえで、2点、注意点を付け加えようと思います。

解決策はいらないのかも・・・

個別の仕事の相談なり、解決策を素早く示す、決断の早い上司は有難いものです。

ですが、私的な悩み、人間関係や働き方などの相談の場合は、解決策を示すことが必須ではありません。

分かってほしい、聴いてほしい、という気持ちの方が強い場合が多いようです。

もちろん、提供できる情報は、提供します。

また、終わりの時間を決めておくことも意味があります。

聴いてもらう過程だけでなく、終わった後で、話し手が何かに気づくことがあります。

気づきを促すためにも、疲れる前に終了した方が良いと思います。

考えや行動を変え、踏み出すきっかけとなるのは、人に言われたことよりも自分で気づいたことだと思います。

質問されたら・・・

相談者から聴き手に、質問をしてくることがあります。

「どうしたら良いでしょう?」

前の話にもつながりますが、必ずしも解決策を求めているとは限りません。問題の難しさを分かってほしい、という気持ちが隠れていそうです。

解決策をポンと返すと、「そんなに簡単なことではない、こんなに悩んでいるのに」と思われることもあります。回りくどいですが、

「うーん、難しいなあ」

と話し手にいったん返して考えを深めてもらうことも方法です。

「どう思いますか?」

これも意見を求めているとは限りません。

「私が迷っているのを分かってくれましたか」

というサインのことがあります。

「〇〇と感じて困ってるんだなあ」

と話し手を主語にして、理解を示すのも方法です。

聴くこと

相談に乗ることは、話すことよりも聴くことが肝心です。説教口調になったり、「どうして」「なぜ」と質問で追い込んだりすることのないよう耳を傾けてみませんか。

10. イラっとした時には

人間だもの、誰でも腹が立つことはあります。

ですが、その怒りを相手にそのままぶつけると、大概あとで後悔することになります。

また、怒りながら話している人の言葉は相手に届きづらいものです。

「あの人、怒っていた」

という情報だけが相手の記憶に残ったりします。


アンガーマネジメントという言葉を良く聞くようになりました。

怒りをコントロールして後悔しないようにすることのようです。

よく言われるのが、「6秒待ちましょう」です。6秒で怒りが沸点から少し下がります。

この6秒は、手近なもの（ボールペンなど）をじっと見て過ごす、とか、この怒りは10点中7点だなと点数化する、とかして過ごします。そして、深呼吸・・・。

爆発しそうなら、その場をいったん離れるべきです。

さて、その怒りの原因は何でしょう。

分かってくれたはず、やってくれるはず、と期待していたのに、裏切られたからでしょうか。

こうあるべきという自分の理想と現実のギャップが人を苛立たせます。

理想は人によって違います。この現実をどう変えていこうかと冷静な策略家に戻るようにしたいものです。

「ちゃんとやっといて」

「しっかりね」

この指示だけで、理想と違う結果になったと怒っても前に進みません。

「こうしたい」「こうしてほしい」と丁寧に説明することで、それぞれの理想をすり合わせていくことだと思います。

大声を上げて怒りを示すより、

「こういうふうに進めたいと思って焦っているんだ。これからは気をつけてほしい」

というように言葉で伝えることをお勧めします。

11．叱り方が分からない

ハラスメント防止の社内研修に伺った時のことです。

最後に質問をお受けした時、こんな質問が出ました。

「何度叱っても直らない部下がいるんですが、叱り方を実演してください」

「どんなことが直らないのですか？」

「・・・・」

「では、遅刻ということで、『遅刻が続いていますよ。直しなさい。困っていることがあるなら聴きますよ』でどうでしょう？」

「それでは叱ったことになりません」

ここで、運営担当の方が「時間になりましたので・・・」と締められました。

あとは、このやり取りを聞いていた出席者の方々が考えることかな、と講師は仕事を終えて帰りました。

思い描いたように動いてくれない部下は、上司共通の悩みのようです。

ハラスメント防止の観点から、「怒ること」と「叱ること」は違う、とよく言われます。「怒ること」は感情をぶつけること、「叱ること」は相手をより良い方向に導こうとするために注意やアドバイスをすること、同じ間違いを繰り返させないために話をすること、などと説明されます。

しかし、辞書では、「強く注意する」などの表現が使われています。叱ることで、不快な思いを与え指摘の印象を強める、同じ過ちをすればまた不快な思いをすると感じさせる、というニュアンスが残っているように思います。

何度も「叱る」ことでも直らないのなら、他の方法を考えるべきでしょう。

原因は何か、どうすればミスが防げるのか、考えて対策を講じる、アドバイスをするなどの方法を考えるところでは、と思います。

良い方向に導くはずが、いつの間にか「叱る」こと自体が目的になっていることがあるように思います。

叱ったことで「やるべきことをやった」という実績にしてしまわないで、本来の目的に立ち返ってほしいものです。

③「違い」による悩み

12. 就業形態が分かれる製造業 雇用関係が複雑な建設業

就業形態が分かれる製造業

80年代以降、卸売・小売業、飲食店、サービス業などの第3次産業で、就業形態の多様化が進みました。

製造業では、90年代までは、いわゆる非正規雇用比率の増加は顕著ではありませんでしたが、2000年以降は上昇しています。2020年の「労働力調査（詳細集計・年平均）」によれば、製造業の雇用者のうち、いわゆる非正規雇用の従業員の割合は25％を超えています。4人に1人の割合です。

加えて、請負労働者、派遣労働者として従事する方も増えています。

正社員、契約社員、パート、アルバイト、派遣社員、請負会社社員・・・。

就業形態が何か、ということが自身の心にも、会話の相手の心にも、常に留まっているように思います。

就業形態の違いがコミュニケーションに隔たりを生まないためには、同じ現場の仲間として、より丁寧な「聴く姿勢」が望まれます。

雇用関係が複雑な建設業

建設業では、重層的な請負関係があります。同じ現場で働いている人たちの雇用主は、複雑にいくつにも分かれます。

重機のオペレーターなど、1社から1名で入場する方もいれば、専門工事業の会社から一定の人数で入場することもあります。

しかも、工程が進むと現場に入る業者が変わり、当然、人も変わります。

コミュニケーションを取ることが難しいことの多い職場だと思います。仕事そのものの他に、人間関係のストレスも生まれがちです。

無記名ストレスチェックの導入など、メンタルヘルスも見据えた現場単位の職場環境改善が勧められているところです。

ですが、本社・支社・会社など、店社のバックアップも欠かせないと思います。

複雑な人間関係の中で安全管理・工程管理に取り組む方たち、専門性のある仕事をこなす方たちがホッとできる場であってほしいと思います。

「それが仕事だろ」

「俺は乗り越えてきた」

と言う前に、前線で働く者の苦労話に耳を傾け、それぞれの、それぞれなりの頑張りにねぎらいの言葉をかけてくれる、実家のような存在であってほしいです。

13．若者が分からない

社内セミナーの帰り道、最寄りのバス停で、セミナーに参加していた方と出会ったことがあります。バスはなかなか来ず、気詰まりな中、こんなことをおっしゃいました。

「書類を持ってきた新人に、『ダメだ』と言うと、びっくりするほど落ち込むんですよねえ」

どこの会社でも、教育係として、新人を部下にすることが多い方はいるようです。

この人に任せておけば大丈夫という会社の判断でしょうが、その当人のご苦労は大きそうです。

働き始めた時には、周りは年上の人ばかり、仕事は分からないことばかり。

押しつぶされないように、反抗的になってみたり、やっていけるのか不安で、言われたことに過剰に反応してみたり、固まったり。

上目づかい・伏し目・澄んだ真っすぐな瞳・・・。それを見ている先輩たちは、本音が見えないと、戸惑います。

ですが、そもそも本音なんて本人も分かっていないのかもしれません。我々とて、自分の本音を分かりきってはいませんし、若者だけに本音を求めても無理があります。

本音を聞き出されるのは嫌だけど、時には聴いてもらいたいこともあります。

そんな時には、人生の先輩として、耳を傾けようではありませんか。

それまでは、何がダメなのか、ゆっくり説明していきましょう。言葉を多めに、丁寧に、です。

人そのものを評価する前に、起きていること、つまり事例性に注目します。
彼は、彼女は、こういう人間だと決めつけるのではなく、今起きている不都合を1つずつ修正していく作業です。
かつては私たちも、先輩方から見れば、謎の多いモンスターだったことでしょう。

若者は、いつのまにか、化けます。

14. 大ベテランに手こずる

全人口に対する65歳以上の人口の割合を高齢化率と呼びます。

高齢化率が7％を超えると「高齢化社会」、14％を超えると「高齢社会」、21％を超えると、「超高齢社会」と呼ぶそうです。

日本は、2007年にこの「超高齢社会」に突入しています。

働く現場でも、高齢の方が増えてきています。

令和2年3月、「高年齢労働者の安全と健康確保のためのガイドライン（エイジフレンドリーガイドライン）」が厚生労働省から示されました。

個々の高年齢労働者の健康や体力の状況に応じて、安全と健康の点で適合する業務をマッチングするなど、高年齢労働者が安心して安全に働ける職場環境の実現に向け、事業者や労働者に取組が求められる事項を取りまとめたものです。

安全への配慮は欠かせません。

しかし、言葉は悪いですが、大ベテランに

手こずるのは、むしろこんなことのようです。
・昔の話ばかりする
・新しい方法や技術に対応しない
・頑固
などなどです。

大ベテランに向けた若い方々の嘆きが、耳にとても痛く聞こえてきます。

「最近の50代、60代は若い」とおだてられても、加齢は個人差を持ちながらも、ヒタヒタと押し寄せてきます。

プライドを支えるものは、経験と武勇伝。


すみません。退屈かもしれませんが、たまには昔話を聴いてください。

我々も新しいものと向き合い、加齢と折り合いをつけながら柔軟な考えを持つよう、頑張ります。

15．女ゴコロが分からない

製造現場で本格的に女性社員の採用を始める、という会社から社内講習の依頼を受けたことがあります。

複数の工場をお持ちですが、そのうちのA工場で、休憩室などの女性用の設備を新たに整えたそうです。

社内講習と言えば後ろの席から埋まるのが定石ですが、この時は前の席から、若い男性社員が座っていきました。

さて、何を伝えれば良いのだろうと悩んだ結果、次の3点を強調することにしました。

① 苗字に「さん」を付けて呼ぶこと

② プライベートなことを聞き出そうとしないこと

③ 下着姿でうろつかないこと

「なあんだ、それ」という反応を思い描いていたのですが、意外と真剣に聴いていただけました。

同僚に女性が加わる、そのワクワク感が伝わってきました。

講習のあとで、今は製造現場に女性社員はいらっしゃらないのですかとお尋ねすると、ずいぶん前から働いている方が1名いらっしゃるということでした。

作業服を着て車で通勤されていて、B工場で働いているそうです。

「A工場に新しく女性用の休憩室などが出来ました。異動されますか」と声をかけてみてはいかがでしょうと提案させていただきました。不自由をかけてきたことを詫びながら、です。

新人女性の教育係になってしまいそうですし、辞退されるかもしれませんが、気配りは伝わるはずだと思います。

女性の多い現場で、男性の方が管理監督者に就かれると、なかなかコミュニケーションが難しいこともあるようです。

女性に優しい、フェミニストの方が就かれることが多いように思います。

部下は、知らず知らずのうちに上司の意向に沿うように行動します。

上司の方の「女性は、こういうもの」という考えが、実は影響を与えていることもあるようです。一度、考えの枠を外してみるのも良いかと思います。

女性であるがゆえの、男性先行職場での「不便」はあります。

ですか、すべての女性に共通する「女ゴコロ」はありません。

1人の「働く女性」の感想です。

16．外国人労働者とコミュニケーションを取る時は

技能実習生が働く現場の安全衛生指導をお手伝いしたことがあります。

管理団体の通訳の方が対応されることが多かったです。

同じ国籍の実習生が何人か在籍する現場では、その中で一番日本語の達者な方が通訳を務めてくれることもありました。

インターネット通信やＳＮＳが発達したことで、母国との会話がスムーズになった反面、日本語を身に付けて帰国しようと強く思う方が少なくなったという方が多かったです。

いざ実習生と話をしようとすると、通訳が頼りです。

思わず、体ごと通訳をされている方のほうを向いて話してしまいます。

実習生と通訳、通訳と私、が話しているような空気になります。

・現場の掲示を絵表示に変えること
・異なる文化をリスペクトして、祈祷の時間や食事に配慮すること
・簡単な日本語で話すように心がけて、ジェスチャーを加えること
など、外国人労働者の方への配慮は様々です。
ここでは、先述の「普段の会話の中で」でお話しした1点を繰り返したいと思います。
私の失敗経験からです。
つま先から頭の先まで、相手の方に向けてください。
通訳を介していても、発する言葉が理解しあえていなくても、です。

言語の壁を超えて向き合いましょう。
「あなたと、ちゃんと向き合っていますよ」というサインは、きっと伝わるはずです。

17.「人」として

テレビのニュースで関係者を報じる時、年齢・性別・職業が示されます。時には、会社員、会社役員、アルバイト、派遣社員など、就業形態も報じられます。

その分類が、自分の属性と同じか違うかを見定めると、なんとなく、どんな方か分かったような気になります。

その人の本当の姿は見えていないのに、です。

いわゆる非正規従業員の不合理な待遇格差を禁じる制度が２０２１年4月から、中小企業にも適用されます。賃金などの待遇差があるという現実を踏まえたものです。

男女の賃金格差も未だ残っています。

所属する会社によって、待遇が大きく異なることもあります。

「人の立場になって考えよう」などと言われますが、これは重労働です。

ですので、所属・年齢・性別・就業形態などの属性を外した、「人」として相手を見てみるのはいかがでしょう。

理解できない相手の言動を、「あの人は○○だから」と属性が原因と思っていたら、実は様々な待遇や仕事の負荷など、「置かれている状況」が原因ということもあると思います。

話を聴く時には、背景となる属性の違いを頭に入れておくことも大切ですが、その属性に対する自分の考え方が聴く姿勢に影響することも念頭に置くべきだと思います。

そして、時には属性を離れた「人」同士として向き合って耳を傾けてみることをお勧めします。

すると、仕事に誇りを持ち、置かれた場所で懸命に咲いている人に出会えるような気がします。

④話す際のポイント

18. おはよう　ありがとう

話すことは難しそうですが、この2つの言葉があれば、まずはセーフです。

おはよう

おはよう、グッドモーニング、グーテンモルゲン、ニイハオ・・・。

世界中で、特に意味の無い挨拶の言葉が毎朝交わされています。

この挨拶にどんな意味があるのでしょう。

色んな説明がされています。

私見ですが・・・。

たぶん、「私は、あなたの味方です。あなたを守ります」というほどの意味は無いと思います。

ただ、「私は、あなたの敵ではありません。今日1日あなたに害を与えません」くらいの意味だと思います。

老舗旅館の番頭さんが、「お客様を出迎える時は、体の前で、利き手を反対の手でおおって挨拶をする」と話しているのを聞いたことがあります。

すばやくサービスできるよう利き手を前に

出すのではなくて、利き手を隠すことで「害を与えません」というサインを出すのだそうです。きっと、それが最高のおもてなしなのだと思います。

「おはよう」の一言で、「ココにいていいよ」と伝えてください。

その一言で安心して働くことができます。

ありがとう

仕事なのだから、やるのが当たり前。部下や仲間の助けを無言で受け取っていませんか?

「ありがとう」は、スマイル同様、定価0円です。言って損をするものではありません。それなのに、言われると無条件で嬉しいものです。

誰かの仕事で助かった時には、良い仕事をしてもらった時には、照れずに「ありがとう」の一言をお願いします。

嬉しそうな顔をしてもらえたら、こちらも嬉しくなります。

19. ねぎらう　ほめる

ねぎらう

「無理しないでいいから。仕事は所詮、結果だから」

私の管理職時代のセリフです。

休み休み、マイペースでやってくれれば良い、というつもりでしたが、文字にしてみると「結果だけは出せ」という、なかなか辛辣な言葉です。反省しています。

管理者はどうしても、結果に目が行きます。

期限は守れたか、仕上がりは大丈夫か。

しかし、結果が出るには過程があります。

努力や頑張りに報いる言葉が大切です。

「大変だったな」

「お疲れ様でした」

「頑張ったな」

そんな言葉がほしいものです。

結果が良くなくても、

「やるだけのことはやったのだから」

「頑張りは無駄じゃない」

などの言葉をもらえばホッとします。

結果だけではなく、その過程も大切にすることです。いや、するべきでした。

ほめる

簡単にほめたのでは、成長しない。

完璧に出来た時こそほめる。

当たり前の仕事を当たり前にやったのに、ほめる必要は無い。

自分はほめられなくても頑張ってきた。

といった考えで、なかなか人をほめようとしない方も多いようです。

ほめられると嬉しくなりませんか？

やる気が上がりませんか？

「コツコツ頑張るところが君の良いところだな」

「丁寧な仕事ですね」

「よく考えたなあ」

などなど、その人なりの良いところをほめてみましょう。

難しいようでしたら、前段の「ねぎらうこと」から始めることをお勧めします。

20. アサーティブ・コミュニケーションとは

最近よく耳にする「アサーティブ」とは、「自分も相手も大切にする自己表現」です。

まず、自己表現のあり方を次の3つに分けて説明します。

①非主張的自己表現

仕事や他者の意向などを重視して、自分の事情・気持ち・考えを伝えようとしないことです。

②攻撃的自己表現

相手の言い分を聞かず、一方的に自分の言い分を通そうとすることです。

③アサーティブな自己表現

相手も尊重した上で、誠実に、率直に、対等に、自分の要望や意見を相手に伝えることです。

①の表現では、ストレスが溜まるばかりです。②の表現では、自分の言い分は通るかもしれませんが、周りから敬遠されそうです。③の表現が望ましいとされています。

・対等な立場で人と接することができていますか?

・問題点を指摘するだけではなく、代替案も出せていますか?

・自分の意見を押し通すのではなく、交渉し、歩み寄る準備をしていますか?

・率直に要求を伝えられていますか？

現場では、それぞれの事情、考えが衝突する場面があります。

相手の事情や意見を理解したことを伝えた上で、自分の事情と意見を伝える。

そこから、妥当な結論に向けて話しあう。

アサーティブ・コミュニケーションは、そんな流れで進みます。

例えば、こんな感じです。

まず、相手の事情を確認します。

「急ぎなんですね」

自分の事情を伝え、提案を行います。

「実は、子供の迎えに行かなければならないんです。○時まで対応できます。続きは、明朝○時に、ということではどうでしょうか」

方法は1つではありません。

アサーティブ・コミュニケーションは、自分も相手も押し込めることなく、衝突を柔らかく回避することを目指します。

取り入れる価値ありです。

21. ハラスメント

職場のハラスメント

メディアでは「何十種類ものハラスメントがある」と言われていますが、職場のハラスメントで法令に定めのあるものは、次の5つです。

① パワーハラスメント（パワハラ）
② セクシュアルハラスメント（セクハラ）
③ マタニティハラスメント（マタハラ）
④ パタニティハラスメント（パタハラ）
⑤ ケアハラスメント（ケアハラ）

パタハラは、育児を担う「パパ」に対するハラスメントを意味する造語です。

ケアハラは、介護を担う方へのハラスメントを意味します。

セクハラには、異性間のハラスメントだけでなく、同性間のハラスメントも含まれます。

厚生労働省では、③～⑤を総称して「妊娠・出産・育児休業等に関するハラスメント」と呼んでいます。

このうち、パワハラ防止については一番後に法制化され、2019年に労働施策総合推進法に条文が設けられました。

2022年4月から、中小企業にも事業者の雇用管理上の措置義務が課されます。

パワハラの類型が指針で示されています。

① 身体的な攻撃（暴行・傷害）
② 精神的な攻撃（脅迫・名誉棄損・侮辱・

ひどい暴言)

③人間関係からの切り離し(隔離・仲間外し・無視)

④過大な要求(業務上明らかに不要なことや遂行不可能なことの強制、仕事の妨害)

⑤過小な要求(業務上の合理性なく能力や経験とかけ離れた程度の低い仕事を命じることや仕事を与えないこと)

⑥個の侵害(私的なことに過度に立ち入ること)

気をつけてほしい人

・声の大きな人
・モテると思っている人
・距離の近い人
・勝ち負けにこだわる人
・知りたがりの人
・怒りっぽい人　ｅｔｃ.

まずは・・・

その一言を言う前に、相手の気持ちを考える想像力を働かせましょう。
ひと呼吸おいて、相手の話にも耳を傾けましょう。
そこからです。

⑤リモート時代の傾聴

22. WEB会議などでの傾聴のコツ

もっとゆっくりと進むはずのリモートの波が、感染症の拡大で一気に進みました。

WEB会議など、慣れない場面でのコミュニケーションに戸惑いを覚える方も多いと思います。私も、です。

あたかも、そこにいるように

リモートでも、傾聴のコツは基本的には同じだと思います。

離れていても目の前にいると思えるよう、リモートの技術は進められています。

その錯覚に乗っかりましょう。

「あれ」「それ」「主語が無い」

とは言え、リモートゆえの制約もあります。

まず、ボディーランゲージが使いにくい。

普段でも曖昧な「あれそれ言葉」や主語の無い文が、なお分かりにくくなります。

「あれって、〇〇のこと？」

「それは、君が思ったこと？」

など、短い質問で文脈をつかむ作業が多めに必要になります。

注意散漫になりがち

話し手の背後にも、聴き手の背後にも、リアルな世界が広がっています。

リアルな世界の引力は、強力です。

会話の相手よりも、そばにいる人の小声や周りの騒音の方が気になることがあります。

いつも以上に集中する必要があります。

もし聞き取れないことがあれば、「すみません。こちらで物音がしたので、聞き取れませんでした」など、状況の説明を加えながら問い返してみることをお勧めします。

視線

相手に視線を向けたい時は、レンズに視線を向けます。これが意外と難しい。

双方向性

周りの空気を読んで発言することが、リモートでは難しくなります。

いつもは積極的に話す方が無口になるのは、こんなところに原因がありそうです。

「どう思います？」など、会議の場では、いつもより丁寧に発言を求める必要があります。

「退室」のあと

「退室」のボタンをポンと押すと、今まで話していた相手が、目の前から消えます。

余韻も無ければ、会議後の雑談も無い。

どこか寂しい瞬間です。

気になることがあれば「○○さん、少し残れます?」と声をかけたり、電話など別の通信手段でフォローしたりすることも大切です。

マナー

自室などプライベートな空間から参加している方の画面には、見慣れぬものが映り込みます。

映り込んだプライベートに、こちらから踏み込まないこと。マナーです。

マスクとアクリル板

講習で講師を務めていると、目の前にうっすらと曇ったアクリル板が立っています。

その向こうにマスクをつけた人たちが間隔を開けて座っています。

表情の分かりづらい顔が、私の方を見ています。

こんなにも人の表情を気にして話していたのかと思い知らされます。

感染症の拡大以前には、想像できなかった風景です。

以前から知っている人同士なら、以前の記憶から表情を想像しながら会話ができます。

とは言っても、微妙な表情は読めません。

自分の発言に対する反応が確認しづらくなります。

相手がどんな感情で発言しているのか、分かりづらくなります。

お互い様のことですから、言葉で確認してみてはいかがでしょう。

「無理なことを言ったかな?」などとです。

また、マスクを通して話そうとすると、思わず声が大きくなりがちです。

乱暴な印象を与えないよう、言葉を選ぶ気遣いが求められます。

新入社員

入社した当初から、リモートでの会話やマスク越しの会話を強いられている新入社員の方々のご負担は、大きいと思います。

以前の経験で表情を推測するには、データが足りません。

感染症の拡大で、みんな心が疲れています。

特に新入社員は、例年以上に疲れていると思います。

ねぎらいやいたわりの言葉を少し多めにお願いします。

23. 飲みニケーション・スキンシップが無くても

飲みニケーションもスキンシップも、時代とともに減少してきました。

この流れに、感染症の拡大が拍車をかけています。

飲みニケーション

かつては、私も、せっせと飲みました。

今考えると、何故それほどまでにと首をかしげるところです。

飲み会の輪に入っていることで、このグループに所属しているという安心感が持てたのでは、と思います。

参加しないと仲間ではなくなるような不安を覚えていたのかもしれません。

上司は、部下に付き合っているつもりでいる。

部下は、上司に付き合っているつもりでいる。

結局、誰が楽しんでいたのでしょう。

アルコールが入れば本音が聴けるとも言われますが、酔ってハイになった発言が、果たして「本音」なのかは疑わしいところです。

アサーティブではない攻撃的自己表現をしてしまい、翌日、二日酔いとともに深い自己嫌悪に襲われる。

覚えがあります。

オンとオフをきっちり分けたいと考える方が増えてきていると思います。

「会社が主催するバーベキュー大会に行きたくない」

という相談を何度か受けたことがあります。

「なぜ、仕事以外の時間に、上司と肉を焼かなきゃいけないんです？　苦痛です」

という相談です。

社員旅行が消え、スポーツ大会が減り、飲み会が消えかけ、バーベキュー大会も危うく・・・。

レクリエーションの企画はどんどん難しくなっているようです。

ここは思い切って、切り替えてみてはどうでしょう。

オフは、職場以外の世界で英気を養ってもらうと割り切ってみてはいかがでしょうか。

「それでは寂しい」と思う方も、少しずつ自立しましょう。

退職したら、仕事の輪の外で楽しみを見つけなければならなくなります。

予行演習です。

オフの姿を見なくても、職場で一緒に働く仲間は家族でも見たことのない「働く姿」を見せてくれます。

その姿を知っていることで満足しても良いのではと思います。

大切にしたいのは、オンの時間のコミュニケーション。

丁寧に耳を傾け、丁寧に言葉を紡ぎましょう。

言葉の力を信じても良いのでは、と思います。

スキンシップ

肩を叩いたり、お尻をポンと叩いたり、「お疲れさん」と肩を揉んだり。

スキンシップは親しみを増すもの、と考える風潮がありました。

実際は、同性同士でも不快に思う方が結構いらっしゃいます。

親しさを押し付けても、相手は同じ量の親しさを感じるとは限りません。

パーソナルスペースに入り込み接触することで距離をゼロにすることは、勝ち目の薄い危険な賭けです。

皆で手を重ねて、意思統一を図るという安

全活動も変わってくるのかもしれません。
体温を実感することで意思統一を図る方法は、効果を上げてきたと思います。
時代が進み、少人数の家族で育つ方が増えました。
教育の場でも生徒同士が接触する機会が減っています。
今後現場に女性が増えてくることも見込まれます。
LGBTの方の悩みも語られるようになりました。
外国籍の方の中にも、スキンシップに抵抗感を持つ方がいらっしゃいます。

多様化する現場では、いろんなことが変わっていくと思います。
まずは、丁寧な「オンの時間のコミュニケーション」を目指したいところです。

あとがき

時には忙しい現場を離れ、静かな場所でゆっくり話を聴いてみましょう。
話し手を救えるかもしれません。

普段の会話の中、話すことばかりせずに、相手の言葉に耳を傾けてみましょう。
情報と信頼が手に入るかもしれません。

「聴くこと」を少しずつ進めていけば、現場はきっと少しずつ変わると思います。

私の限られた経験から、文中いくつかの事例をご迷惑がかからないようアレンジを加えながら、書き込ませていただきました。

現場の事情は様々だと思いますが、いくばくかでも参考にしていただければ幸いです。

聴くことの効用は、仕事の場だけでなく、色々な場面で使えます。

例えば、家庭で。

スマホを置いて、テレビから目を離し、新聞から顔を上げて、家族にちゃんと向き合って話を聴いてみませんか。

いつもと違う会話ができそうです。

パートナー、お子様、ご両親は、きっと聴いてほしいことをお持ちです。

感染症の拡大で、いつもより孤立しがちで、いつもよりストレスを抱えた時代を、お互いの優しい「聴く耳」で乗り越えていきませんか。

この本が、皆様のきっかけになることを願っています。

２０２１年４月　田原さえ子

【著者プロフィール】

田原さえ子　（タハラサエコ）
労働安全・衛生コンサルタント／シニア産業カウンセラー／特定社会保険労務士

労働基準監督官として、東京労働局等で勤務。退官後の現在は、田原労務管理事務所を開業して様々な事業場の安全衛生管理に携わっており、建設業や製造業の関係者に『傾聴』を取り入れた安全衛生教育やメンタルヘルスセミナー、ハラスメントセミナーを実施している。

2014年から、労働安全衛生広報で「手続き前に読みたい！安全衛生報告・届出・申請」を執筆中。

建設現場で　製造現場で　聴く力が職場を変える！～傾聴のすすめ～

令和３年５月20日　初版発行

著　者　田原さえ子
発　行　企業通信社
〒170-0004　東京都豊島区北大塚２-９-７互栄大塚ビル
TEL　03-3917-1135
FAX　03-3917-1137
発売元　労働調査会
〒170-0004　東京都豊島区北大塚２-４-５調査会ビル
TEL　03-3915-6401
FAX　03-3915-8618
http://www.chosakai.co.jp/

ISBN 978-4-86319-869-2　C2030